4 5 6 7

Male für jede Seite, die du bearbeitet hast, einen Stern aus! Viel Freude!

10

11 12 13 14 15

16 17 18 19 20 21

22 23 24 25 26

27 28 29 30 31 32

33 34 35 36 37

38 39 40 41 42 43

44 45 46 47 48

49 50 51 52 53 54

55 56 57 58

1	2	3	4	5	6	7	8	9	10
11	12	13	14	15	16	17	18	19	20

					6				
	12							19	

10 + 0 = 10

10 + 3 = __

10 + __ = __

10 + __ = __

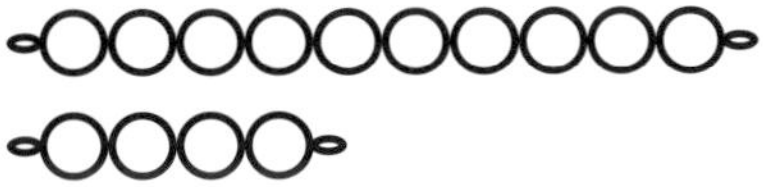

10 + __ = __

10 + __ = __

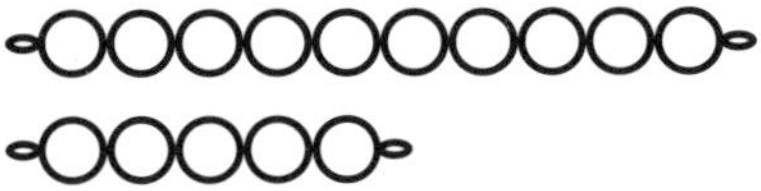

10 + __ = __

10 + __ = __

9 10 11

2

15

5

20

17

4

18

16

8

Vorgänger

Zahl

Nachfolger

V	Z	N
9	10	11
	4	
	13	

V	Z	N
	9	
	3	
	17	

V	Z	N
	12	
	19	
	2	

V	Z	N
12		
	6	
18		

V	Z	N
		20
2		
	16	

V	Z	N
		13
		5
8		

V	Z	N
	17	
		19
	2	

V	Z	N
	5	
14		
		8

V	Z	N
	6	
	15	
18		

V	Z	N
4		
	13	
		9

V	Z	N
	11	
3		
17		

V	Z	N
	16	
		8
12		

4 - 1 = 3

6 - ☐ = ☐

☐ - ☐ = ☐

☐ - ☐ = ☐

☐ - ☐ = ☐

☐ - ☐ = ☐

☐ - ☐ = ☐

☐ - ☐ = ☐

☐ - ☐ = ☐

☐ - ☐ = ☐

☐ - ☐ = ☐

☐ - ☐ = ☐

2 - 1 = 1	9 - 5 = ☐	8 - 8 = ☐
3 - 2 = ☐	4 - 4 = ☐	6 - 4 = ☐
5 - 2 = ☐	8 - 6 = ☐	7 - 0 = ☐
4 - 2 = ☐	9 - 3 = ☐	5 - 4 = ☐
5 - 3 = ☐	7 - 4 = ☐	9 - 8 = ☐

10 - 9 = ☐	9 - 9 = ☐
10 - 8 = ☐	8 - 4 = ☐
10 - 7 = ☐	6 - 6 = ☐
10 - 6 = ☐	4 - 2 = ☐
10 - 5 = ☐	7 - 7 = ☐
10 - 4 = ☐	3 - 1 = ☐

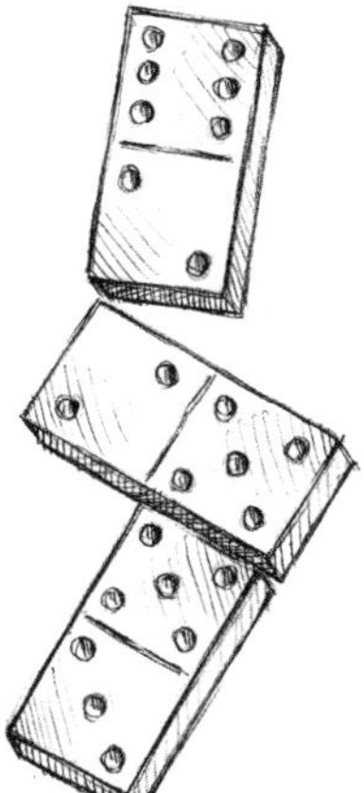

Rechne!

5	-	2	=	3
3	+	2	=	

	-		=	
	+		=	

8	-		=	
4	+		=	

	-		=	
	+		=	

	-		=	
	+		=	

	-		=	
	+		=	

5 - 2 = 3
3 + 2 = 5

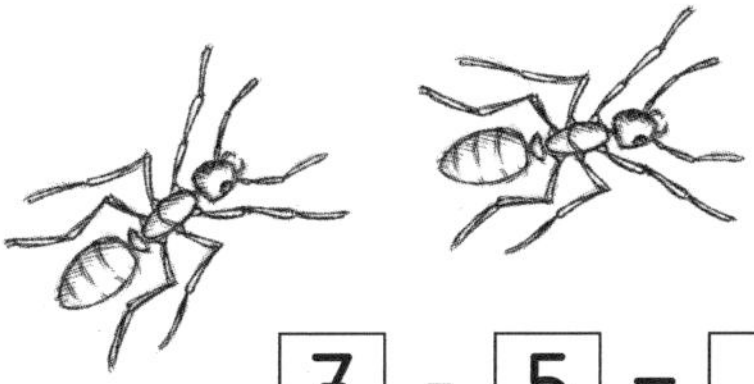

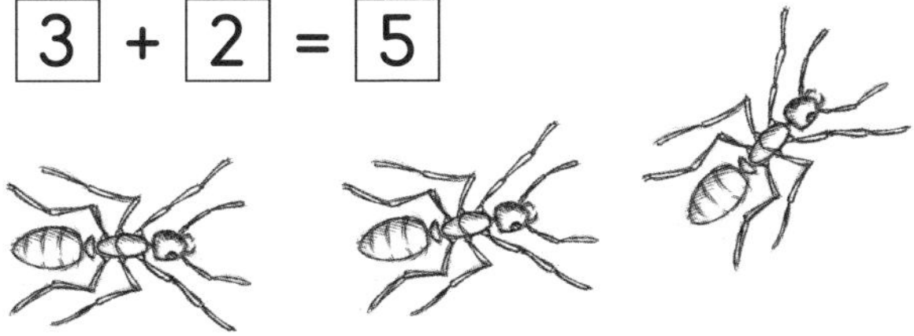

7 - 5 =
2 + 5 =

5 - 1 =
4 + 1 =

9 - 8 =
1 + 8 =

7 - 1 =
6 + 1 =

5 - 2 =
3 + 2 =

5 - 2 =
3 + =

4 - 2 =
2 + 2 =

7 - 2 =
5 + 2 =

6 - 2 =
4 + =

8 - 1 =
7 + 1 =

8 - 4 =
4 + 4 =

7 - 3 =
4 + =

6 - 2 =
4 + 2 =

5 - 5 =
0 + 5 =

8 - 4 =
4 + =

8 - 2 =
6 + 2 =

7 - 3 =
4 + 3 =

3 - 2 =
1 + =

3 6 9				
3	+	6	=	9
6	+	3	=	9
9	-	6	=	3
9	-	3	=	6

3 5 8				
	+		=	
	+		=	
8	-		=	
8	-		=	

5 2 7				
	+		=	
	+		=	
	-		=	
	-		=	

2 4 6				
	+		=	
	+		=	
	-		=	
	-		=	

5 4 9				
	+		=	
	+		=	
	-		=	
	-		=	

1 7 8				
	+		=	
	+		=	
	-		=	
	-		=	

7 2 9				
	+		=	
	+		=	
	-		=	
	-		=	

4 3 7				
	+		=	
	+		=	
	-		=	
	-		=	

2 6 8				
	+		=	
	+		=	
	-		=	
	-		=	

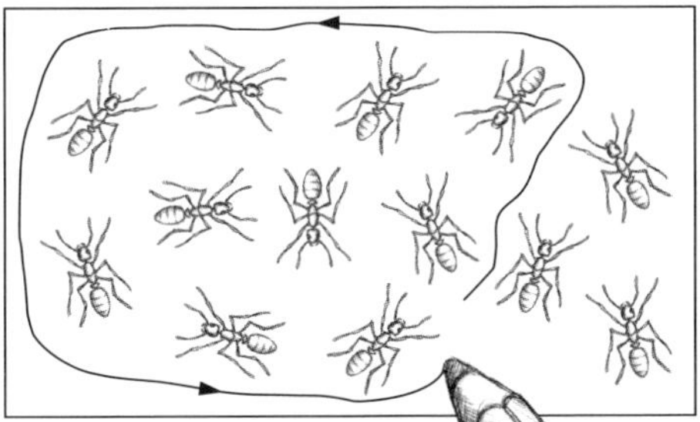

Z	E
1	3

Z	E

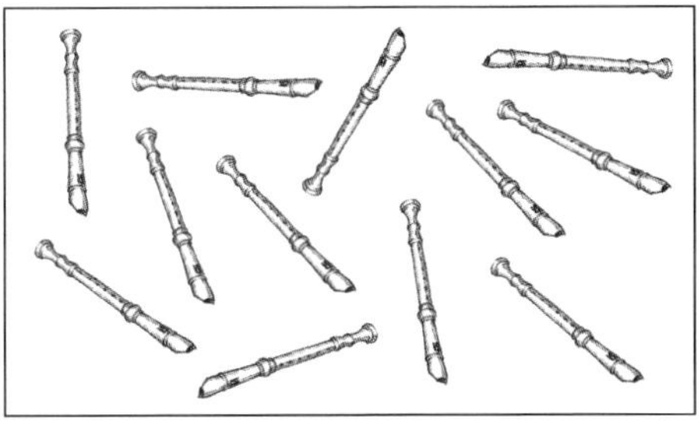

Z	E

Z	E

Z	E

Z	E

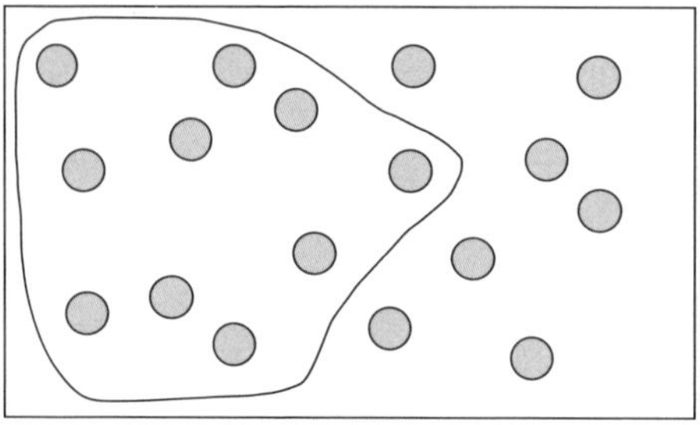

Z	E
1	7

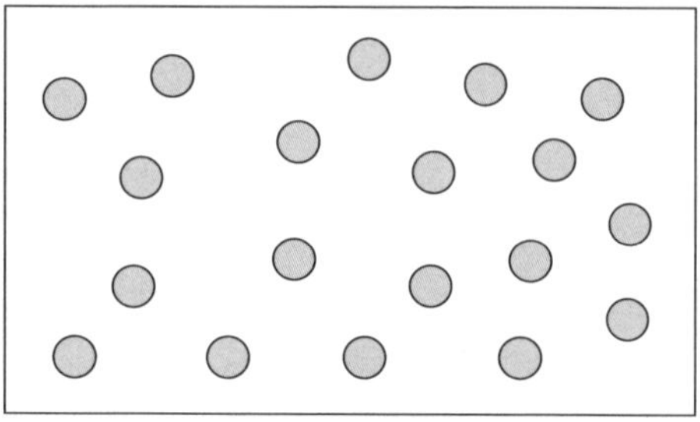

Z	E

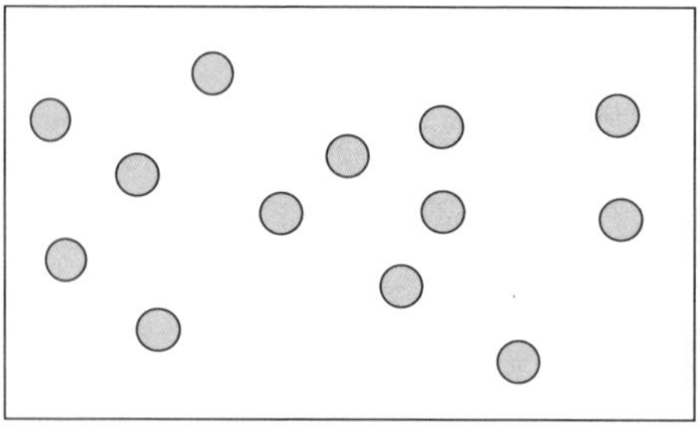

Z	E

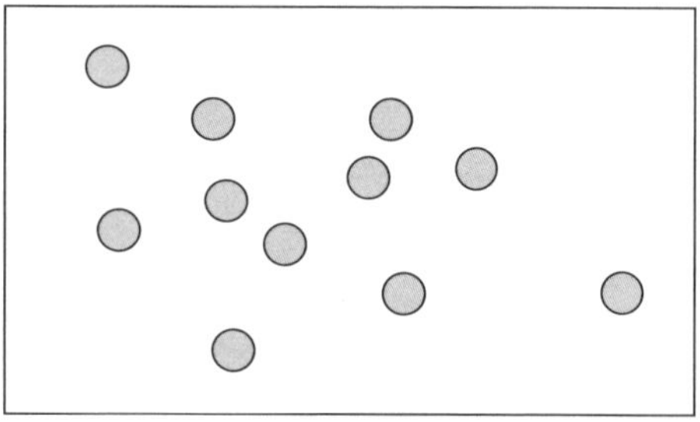

Z	E

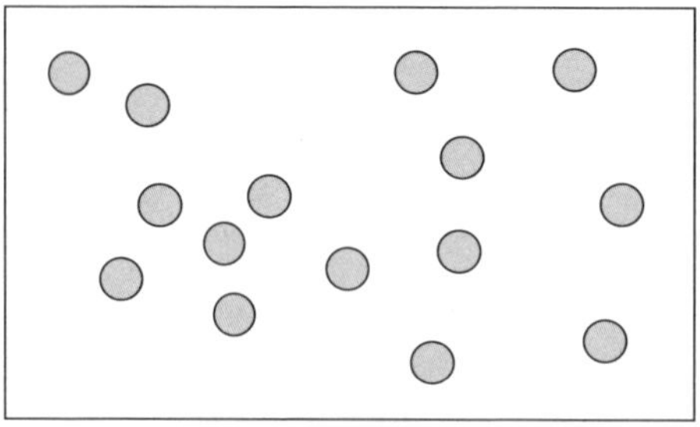

Z	E

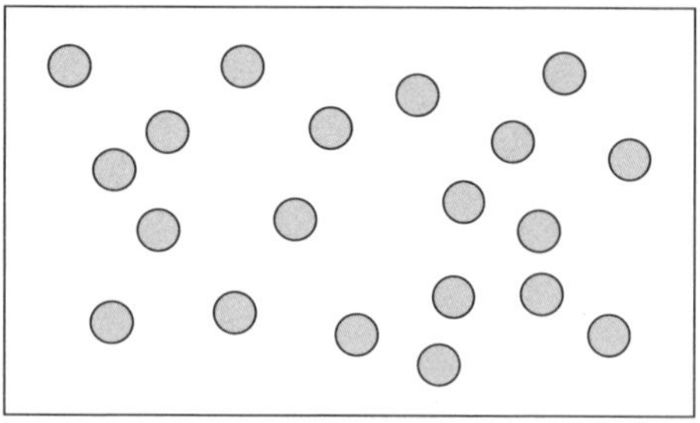

Z	E

Z	E
1	2

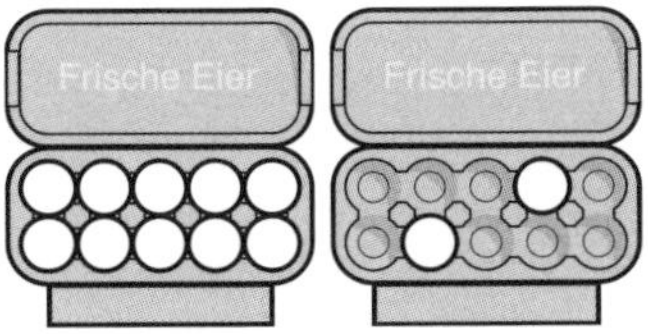

Z	E

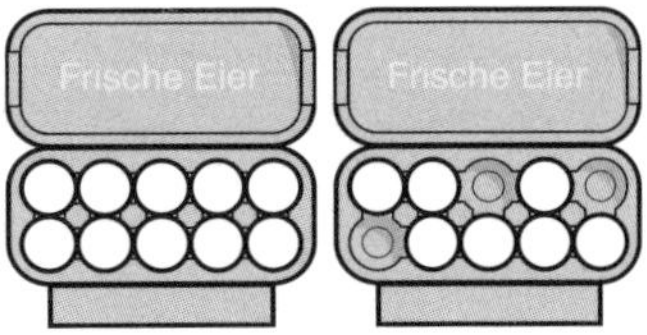

Z	E

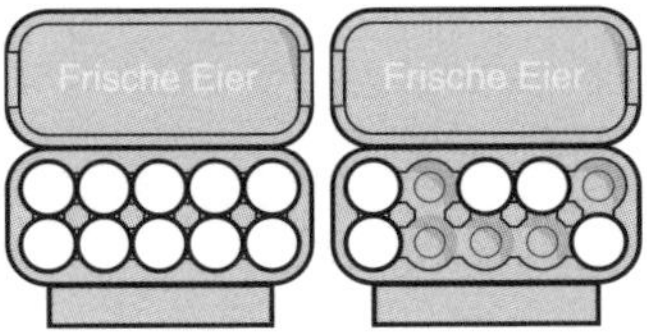

Z	E

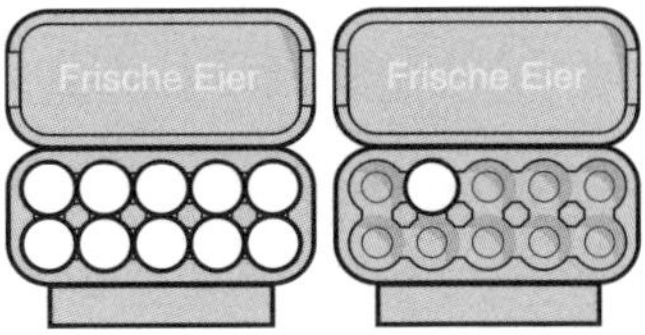

Z	E

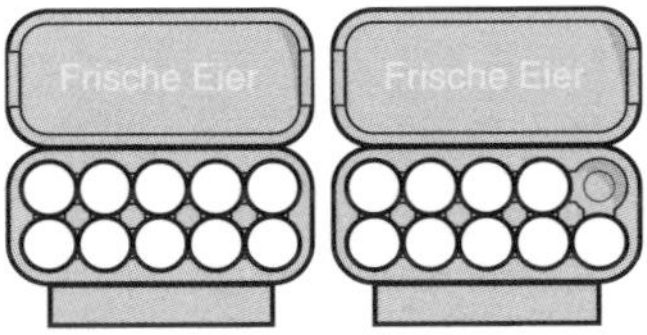

Z	E

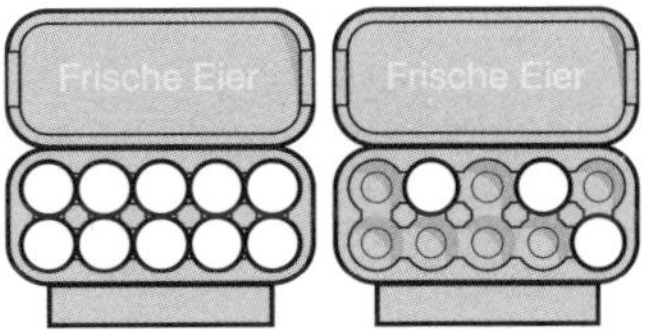

Z	E

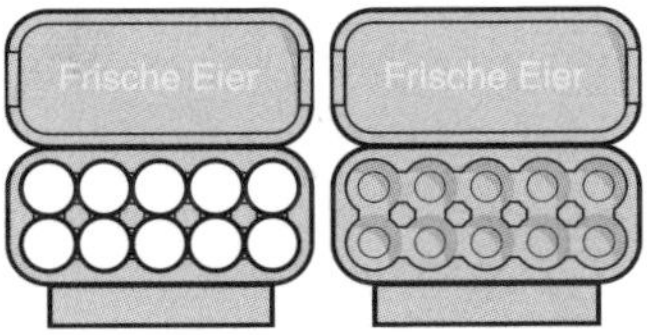

Z	E

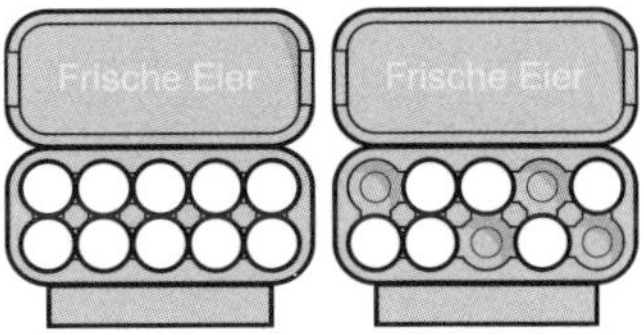

Z	E

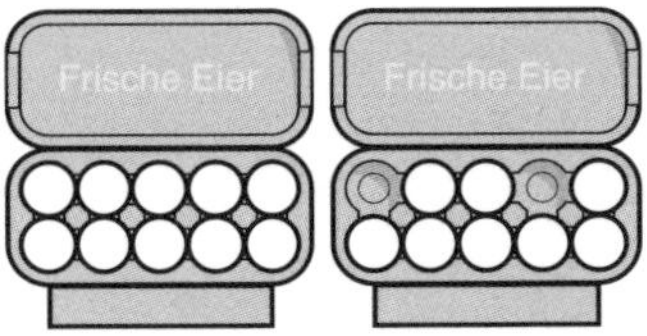

Z	E

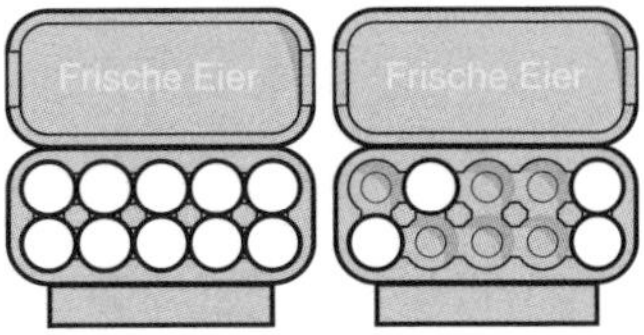

Z	E

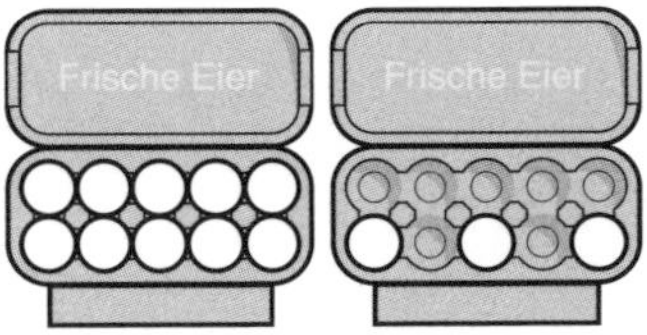

Z	E

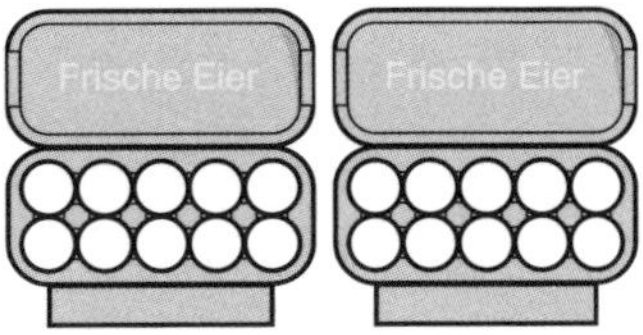

4 + 2 = 6 14 + 2 =	3 + 5 = 13 + 5 =	4 + 3 = 14 + 3 =
6 + 2 = 16 + 2 =	4 + 4 = 14 + 4 =	3 + 3 = 13 + 3 =
3 + 6 = 13 + 6 =	2 + 7 = 12 + 7 =	4 + 5 = 14 + 5 =

4 + ☐ = 6 14 + ☐ = 16	3 + ☐ = 6 13 + ☐ = 16	2 + ☐ = 7 12 + ☐ = 17
4 + ☐ = 7 14 + ☐ = 17	4 + ☐ = 8 14 + ☐ = 18	6 + ☐ = 8 16 + ☐ = 18

10 + 2 = 1 2	12 + 2 =	14 + 2 =
10 + 4 =	12 + 4 =	14 + 4 =
10 + 6 =	12 + 6 =	14 + 6 =
10 + 8 =	12 + 8 =	

11 + 2 =	13 + 2 =	15 + 2 =
11 + 4 =	13 + 4 =	15 + 4 =
11 + 6 =	13 + 6 =	
11 + 8 =		

10 + 1 =	12 + 1 =	14 + 1 =
10 + 3 =	12 + 3 =	14 + 3 =
10 + 5 =	12 + 5 =	14 + 5 =
10 + 7 =	12 + 7 =	
10 + 9 =		

+	8	7	6
10	18		
12			
11			

Zähle leise
bis 50!

+	4	5	6
12			
14			
11			

+	2	4	6
13			
14			

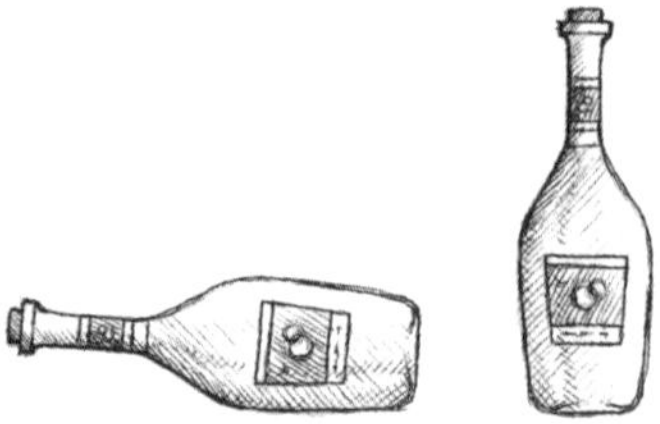

3 + 7 = 10 → 13 + 7 = ___

8 + 2 = ___ → 18 + 2 = ___

1 + 9 = ___ → 11 + 9 = ___

5 + 5 = ___ → 15 + 5 = ___

6 + 4 = ___ → 16 + 4 = ___

7 + 3 = ___ → 17 + 3 = ___

10 + 0 = ___ → 20 + 0 = ___

2 + 8 = ___ → 12 + 8 = ___

3 + 16 = ___ 16 + 3 = ___	5 + 12 = ___ 12 + 5 = ___	2 + 17 = ___ 17 + 2 = ___
3 + 14 = ___ 14 + 3 = ___	2 + 18 = ___ 18 + 2 = ___	4 + 13 = ___ 13 + 4 = ___

16 + 2	12
12 + 4	17
10 + 3	19
2 + 13	11
2 + 12	20
6 + 14	14
1 + 10	15
7 + 12	13
14 + 3	16
11 + 1	18

Rechne!

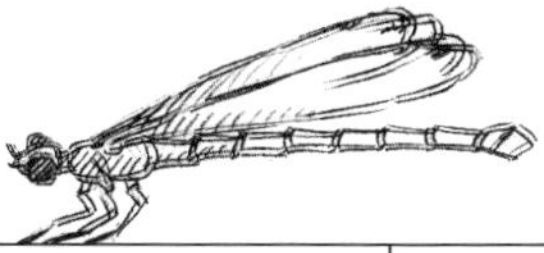

4 - 2 = 2	8 - 5 = ☐	4 - 1 = ☐
14 - 2 = ☐	18 - 5 = ☐	14 - 1 = ☐

6 - 2 = ☐	7 - 3 = ☐	9 - 4 = ☐
16 - 2 = ☐	17 - 3 = ☐	19 - 4 = ☐

9 - 3 = ☐	8 - 7 = ☐	9 - 5 = ☐
19 - 3 = ☐	18 - 7 = ☐	19 - 5 = ☐

6 - ☐ = 4	6 - ☐ = 3	9 - ☐ = 7
16 - ☐ = 14	16 - ☐ = 13	19 - ☐ = 17

5 - ☐ = 3	7 - ☐ = 5	8 - ☐ = 4
15 - ☐ = 13	17 - ☐ = 15	18 - ☐ = 14

20 - 2 = 18	18 - 2 =	16 - 2 =
20 - 4 =	18 - 4 =	16 - 4 =
20 - 6 =	18 - 6 =	16 - 6 =
20 - 8 =	18 - 8 =	

19 - 2 =	17 - 2 =	15 - 2 =
19 - 4 =	17 - 4 =	15 - 4 =
19 - 6 =	17 - 6 =	
19 - 8 =		

20 - 1 =	18 - 1 =	16 - 1 =
20 - 3 =	18 - 3 =	16 - 3 =
20 - 5 =	18 - 5 =	16 - 5 =
20 - 7 =	18 - 7 =	
20 - 9 =		

Mein Name:

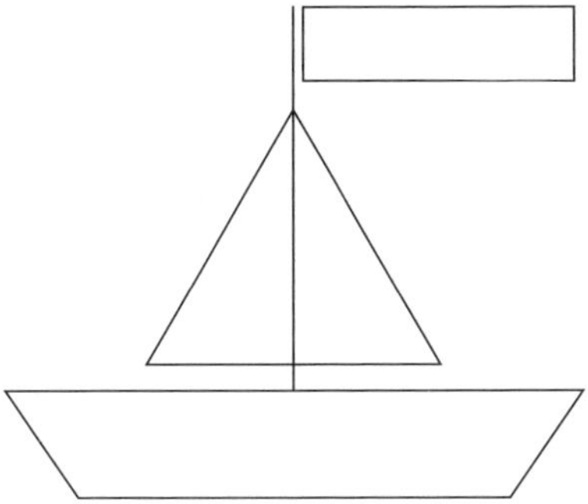

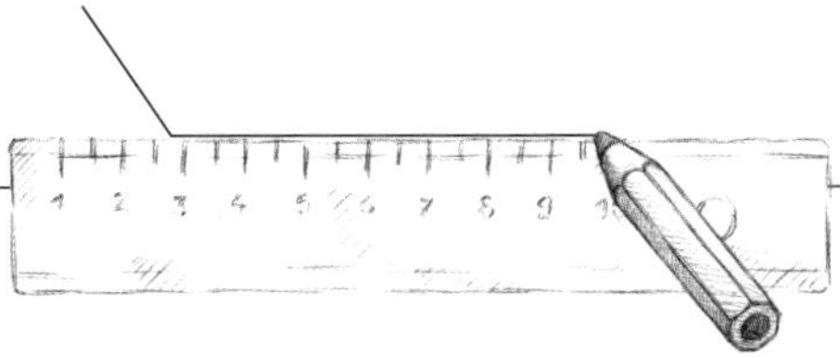

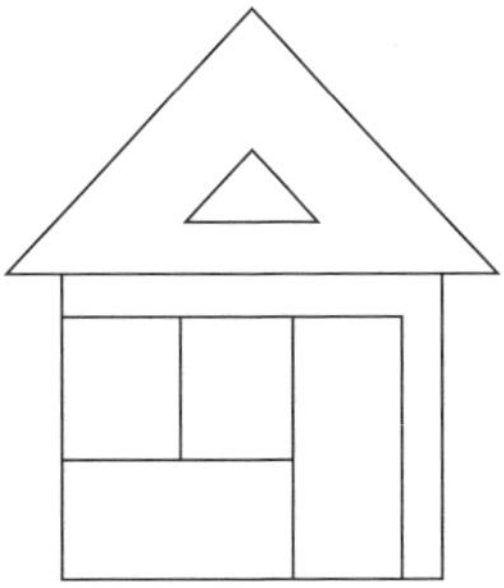

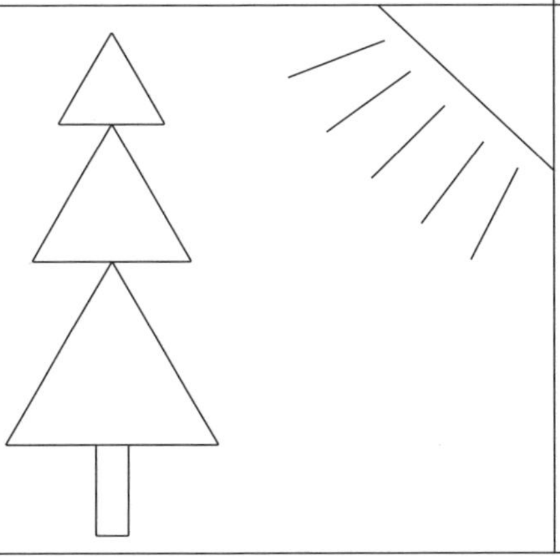

-	4	6	3
8	4		
18			

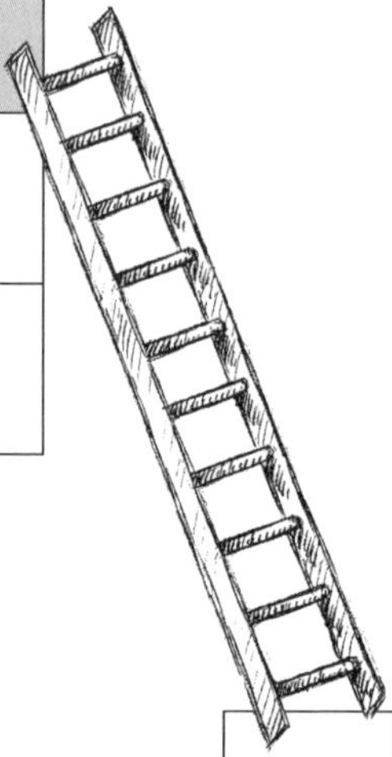

-	3	2	5
6			
16			

-	3	4	2
17			
14			

Mache fünf Kniebeugen!

17 - 4 = 13	7 - 5 =
6 - 5 =	9 - 3 =
4 + 5 =	8 - 3 =
19 - 5 =	15 - 3 =
2 + 6 =	9 - 5 =
8 - 5 =	14 - 4 =
3 + 4 =	14 - 3 =

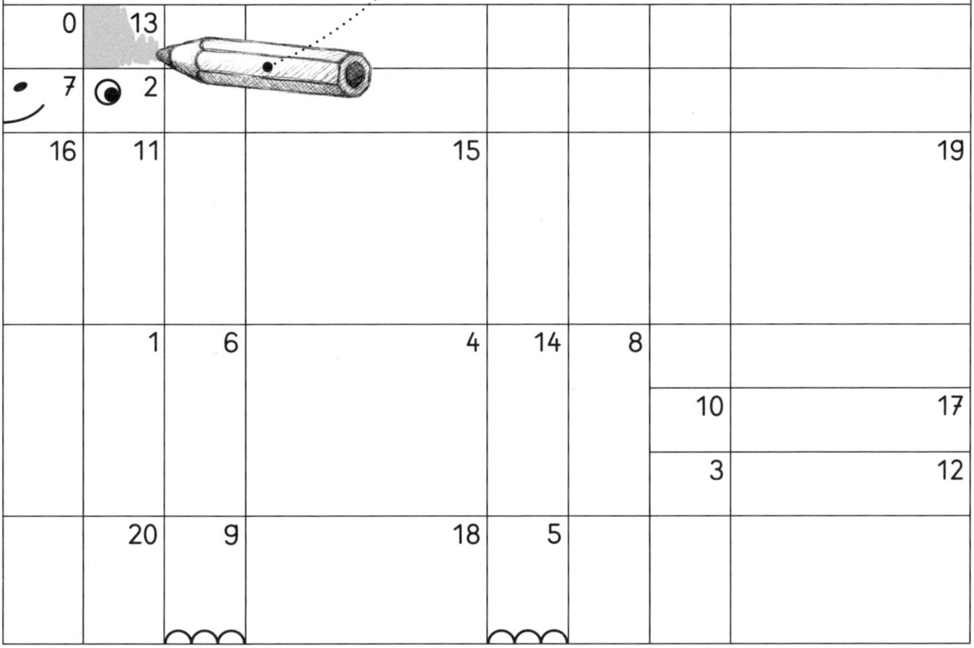

Male aus!

□ blau △ grün ▭ gelb ○ rot

Rechne!

10 + 9 =	1 9	also sind	19 - 9 =	1 0
10 + 2 =		also sind	12 - 2 =	
10 + 4 =		also sind	14 - 4 =	
10 + 8 =		also sind	18 - 8 =	
10 + 3 =		also sind	13 - 3 =	
10 + 5 =		also sind	15 - 5 =	
10 + 1 =		also sind	11 - 1 =	
10 + 6 =		also sind	16 - 6 =	
10 + 7 =		also sind	17 - 7 =	
10 + 10 =		also sind	20 - 10 =	

Verbinde!

Was passt?

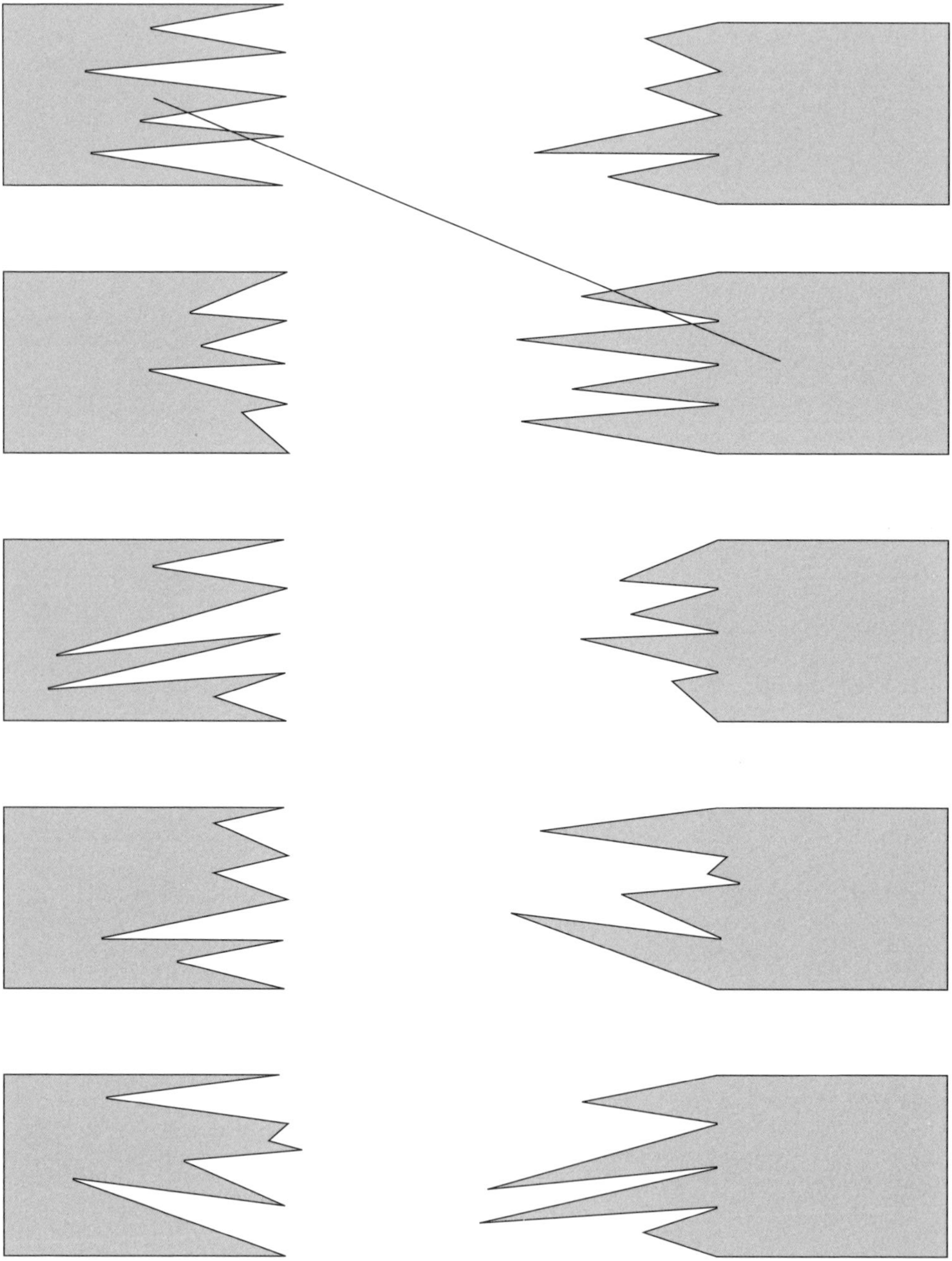

Ein Halbmond und zwei Striche reichen –
fertig ist das Euro-Zeichen!

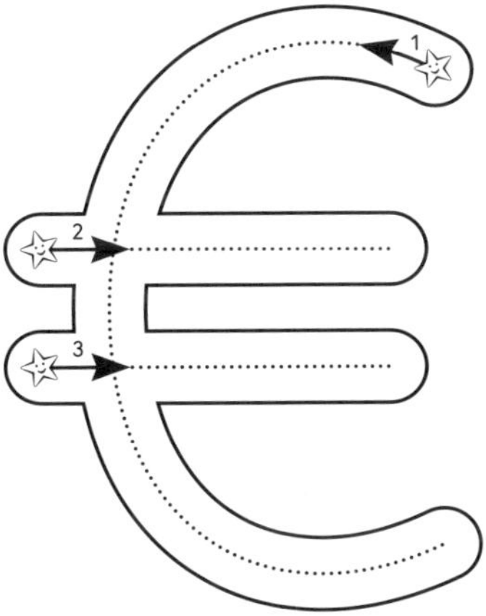

Ordne und verbinde!

Cent

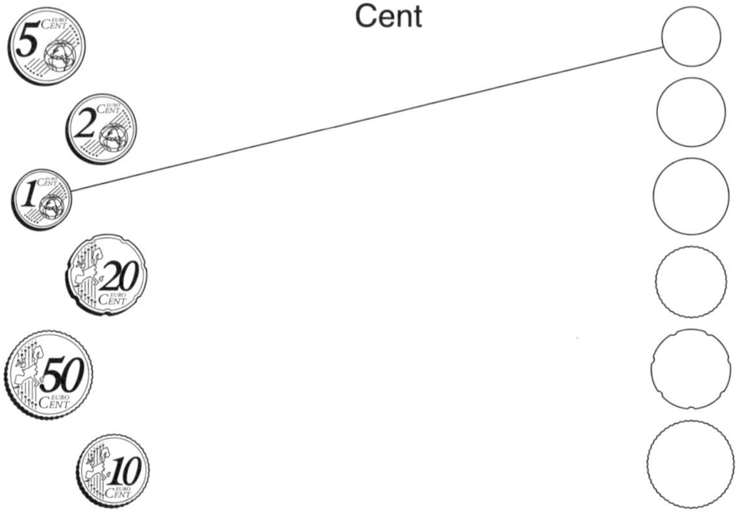

Euro

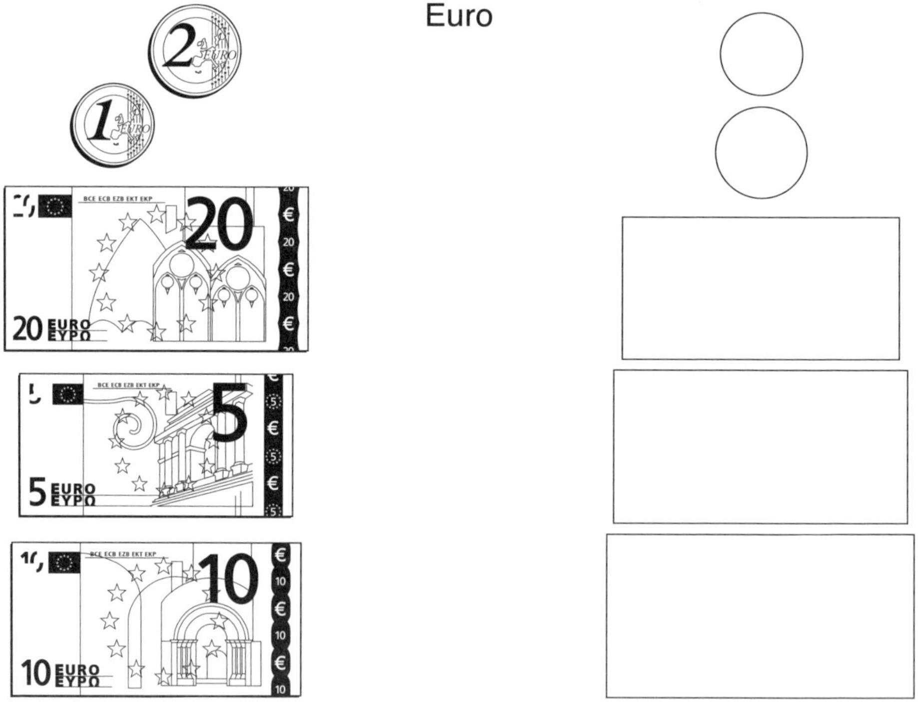

Wie viel Cent?

11 Cent

Cent

Cent

Cent

Cent

Cent

Cent

Cent

Cent

1	0

Euro

Euro

Euro

Euro

Euro

Euro

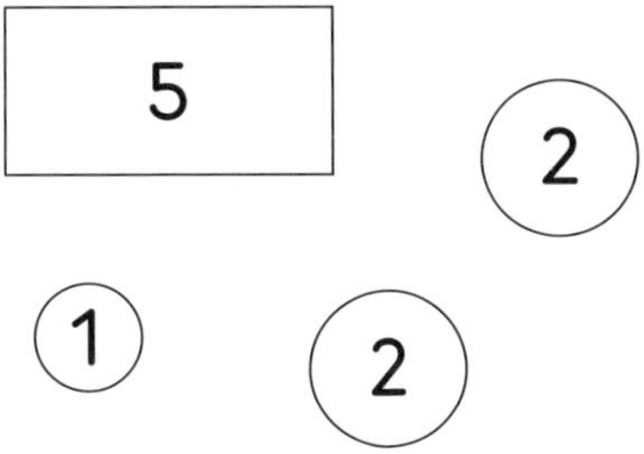

10 Euro

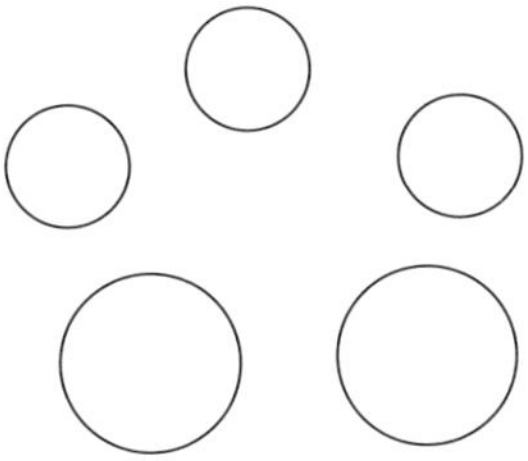

7 Euro

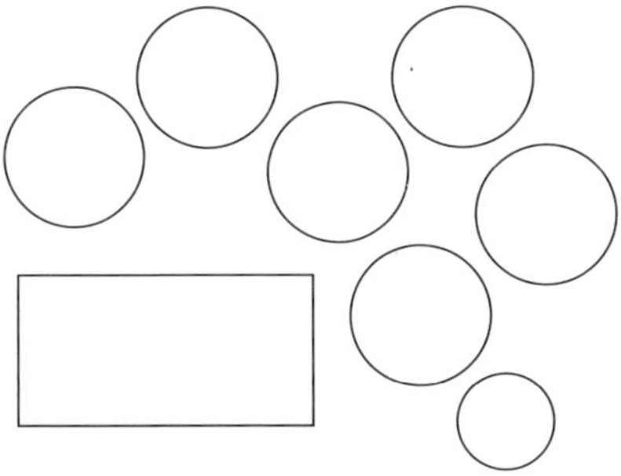

18 Euro

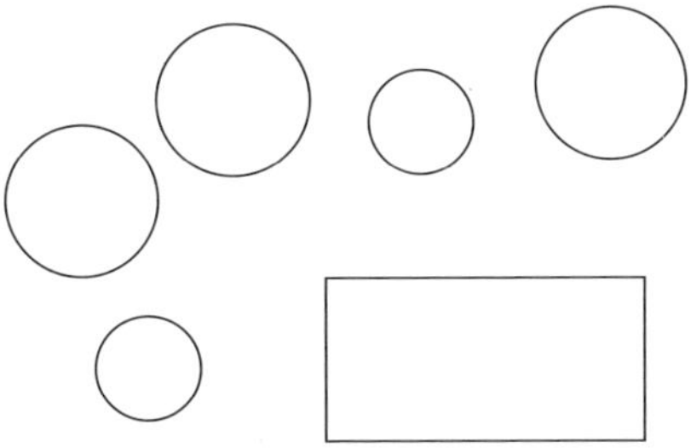

13 Euro

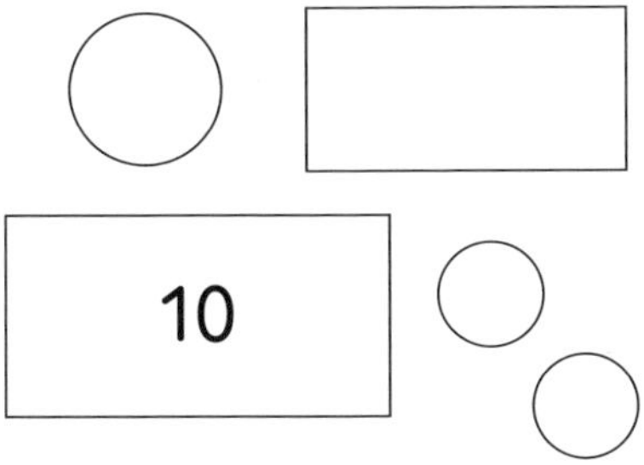

19 Euro

9 Euro

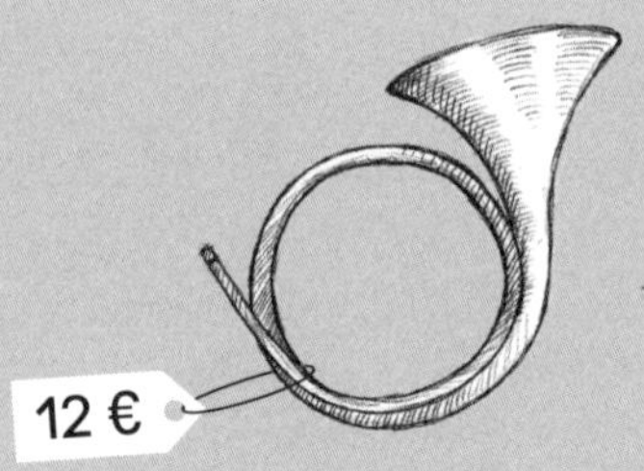

5

2

1 2 2

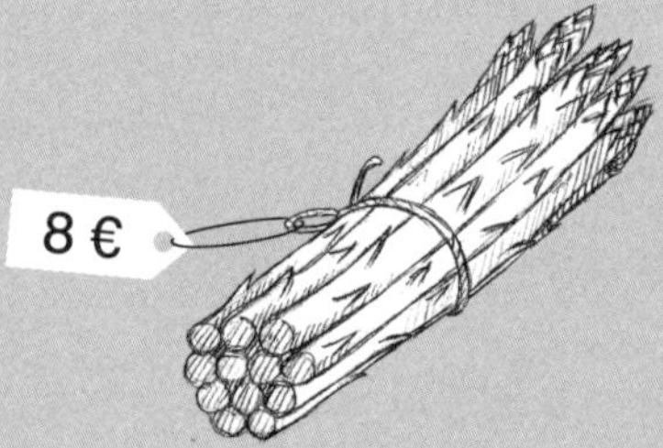

5 2 1 2 2 12 Euro	14 Euro
13 Euro	17 Euro
11 Euro	15 Euro
16 Euro	18 Euro

5 € + 3 € = [8] €

12 € + 7 € = [ ] €

14 € + 5 € = [ ] €

14 € - 3 € = [ ] €

9 € - 7 € = [ ] €

18 € - 5 € = [ ] €

9 € + 2 € = [ ] €

7 € + 3 € = [ ] €

14 € + 6 € = [ ] €

8 € - 4 € = [ ] €

12 € - 3 € = [ ] €

16 € - 5 € = [ ] €

11 Cent + 4 Cent = [ ] Cent

12 Cent + 4 Cent = [ ] Cent

17 Cent + 2 Cent = [ ] Cent

16 Cent - 4 Cent = [ ] Cent

11 Cent - 2 Cent = [ ] Cent

9 Cent - 7 Cent = [ ] Cent

19 € - [ ] € = 15 €

8 € + [ ] € = 12 €

12 € + [ ] € = 20 €

17 € + [ ] € = 20 €

15 € - [ ] € = 11 €

17 € - [ ] € = 14 €

7

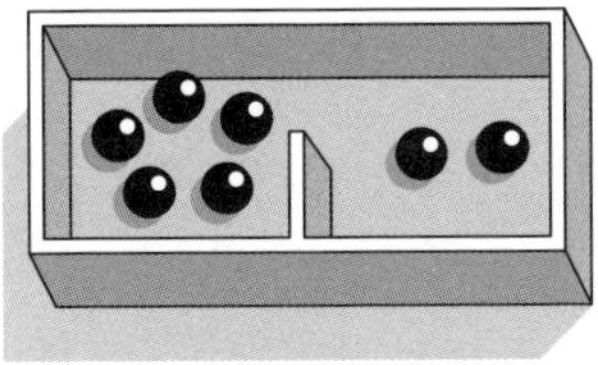

5 + 2

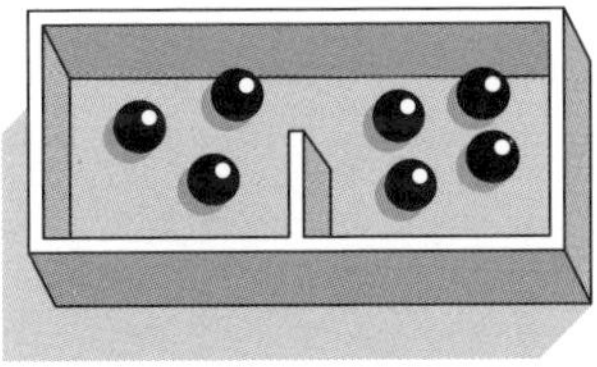

☐ + ☐

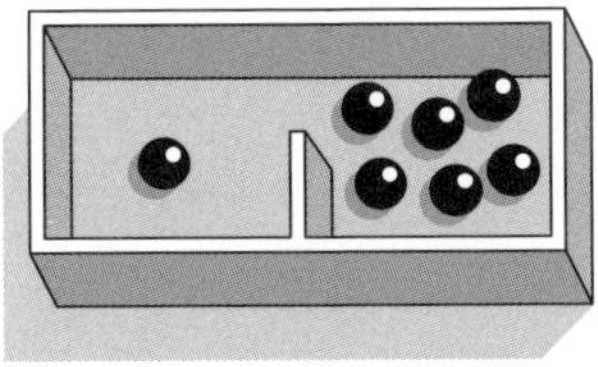

☐ + ☐

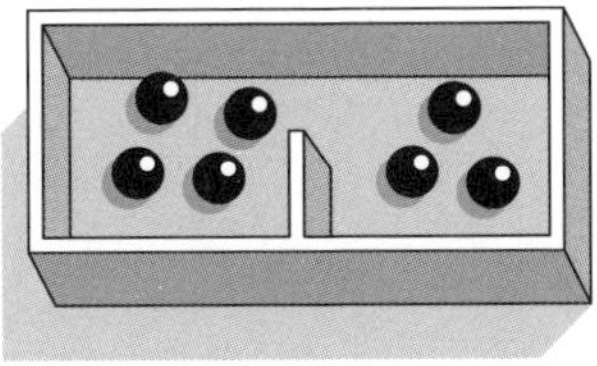

☐ + ☐

9

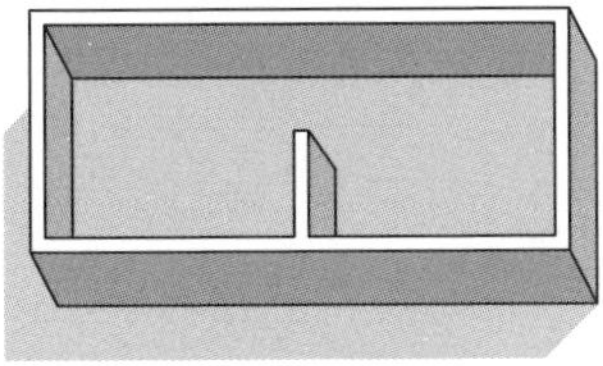

☐ + 4

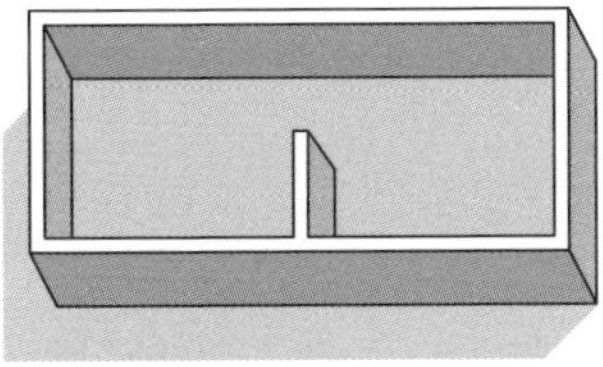

3 + ☐

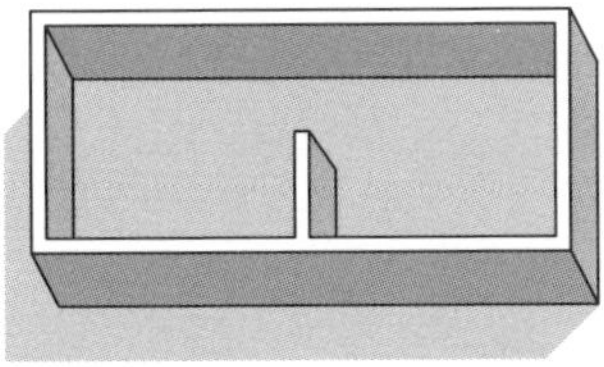

☐ + 2

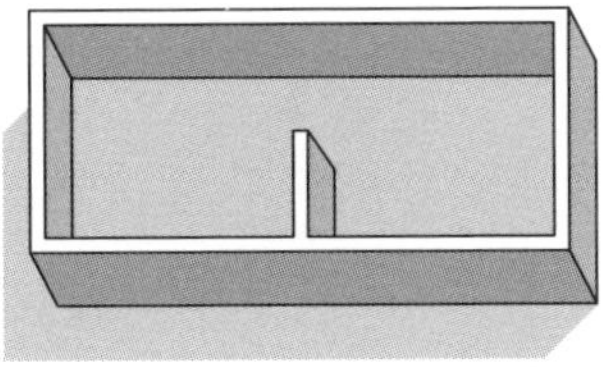

1 + ☐

8

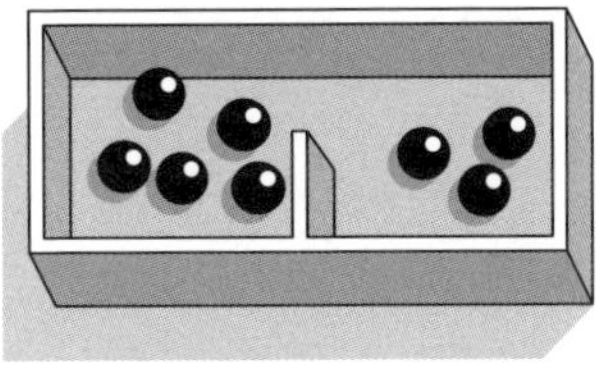

☐ + ☐

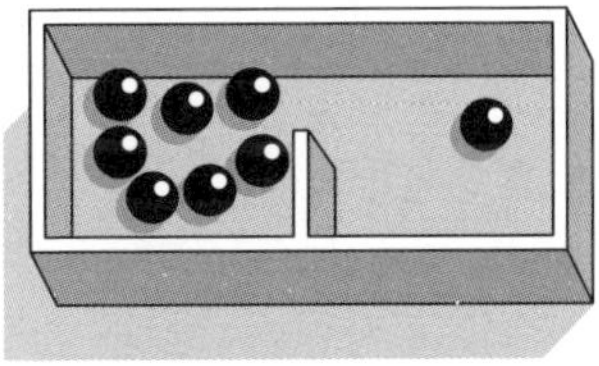

☐ + ☐

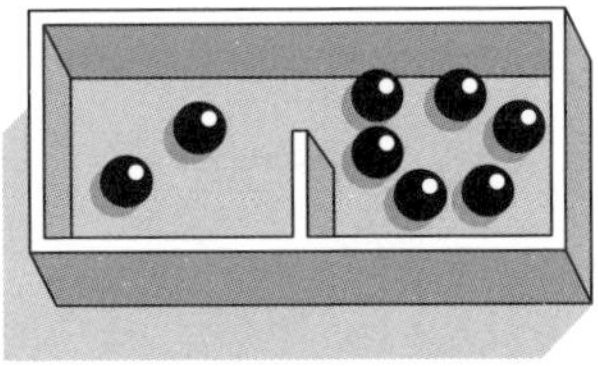

☐ + ☐

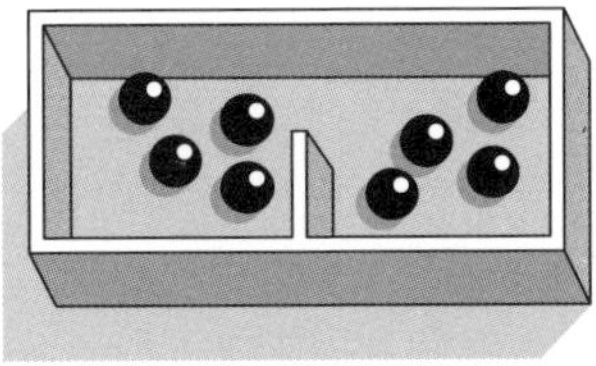

☐ + ☐

8

8	8	8	8
1 – 7	2 – □	3 – □	□ – 4

7

7	7	7	7
1 – □	2 – □	3 – □	□ – 0

6

6	6	6	6
1 – □	2 – □	3 – □	□ – 0

9

9	9	9	9
1 – □	2 – □	3 – □	□ – 4

9 + 1 = 10	9 + 6 =	8 + 2 =
9 + 2 =	9 + 7 =	8 + 3 =
9 + 3 =	9 + 8 =	8 + 4 =
9 + 4 =	9 + 9 =	8 + 5 =
9 + 5 =		8 + 6 =
7 + 3 =		6 + 4 =
7 + 4 =		6 + 5 =
7 + 5 =		6 + 6 =
9 + 9 =	5 + 5 =	7 + 3 =
8 + 8 =	5 + 7 =	6 + 4 =
7 + 7 =	5 + 9 =	5 + 5 =
6 + 6 =	5 + 6 =	4 + 6 =
5 + 5 =	5 + 8 =	3 + 7 =
4 + 4 =		2 + 8 =
3 + 3 =		1 + 9 =

Verbinde!

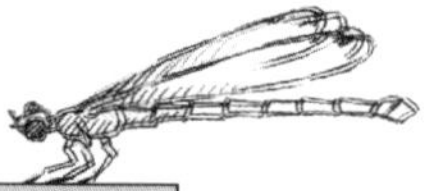

9 + 2	17	2 + 9
8 + 9	15	9 + 8
5 + 9	11	9 + 5
6 + 9	14	9 + 6
8 + 8	13	8 + 8
4 + 9	16	9 + 4

7 + 3 = 10	8 + 2 =	7 + 5 =
7 + 5 =	8 + 4 =	6 + 5 =
7 + 4 =	8 + 3 =	5 + 5 =
7 + 6 =	8 + 6 =	7 + 6 =
7 + 8 =	8 + 5 =	7 + 7 =
7 + 7 =	8 + 7 =	7 + 8 =
9 + 4 =	5 + 9 =	6 + 6 =
8 + 4 =	5 + 8 =	6 + 7 =
7 + 4 =	5 + 7 =	6 + 8 =
6 + 4 =	5 + 6 =	6 + 9 =

+	5	6	7
6	11		
7			

Rechne!

16

7 9

4 3 6

8 0 7

5 3 7

5 4 5

12 2 4

9 4 6

3 4 2 2

3 2 5 1

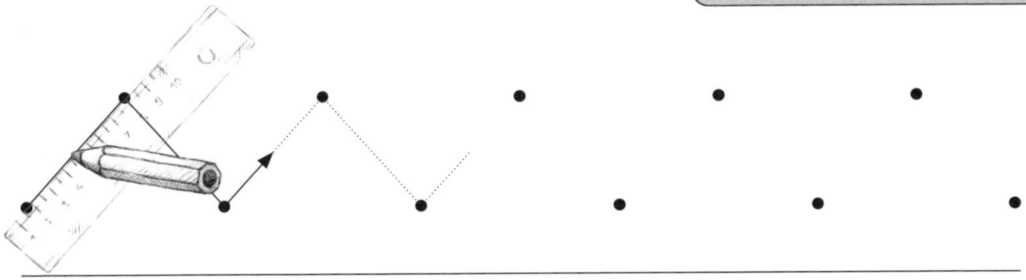

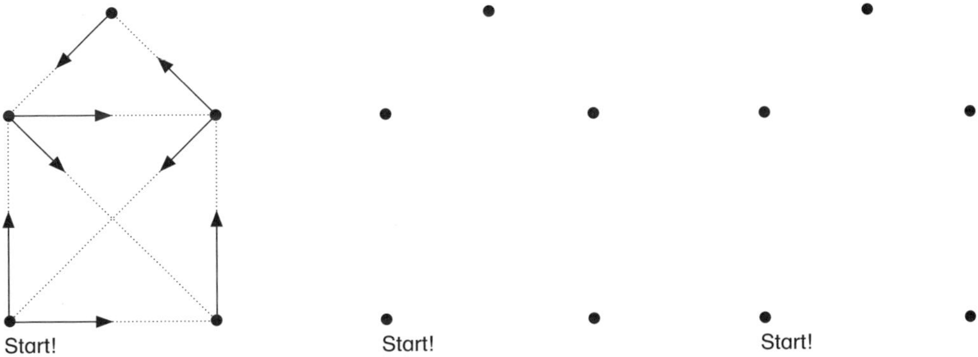
Start!
Start!
Start!

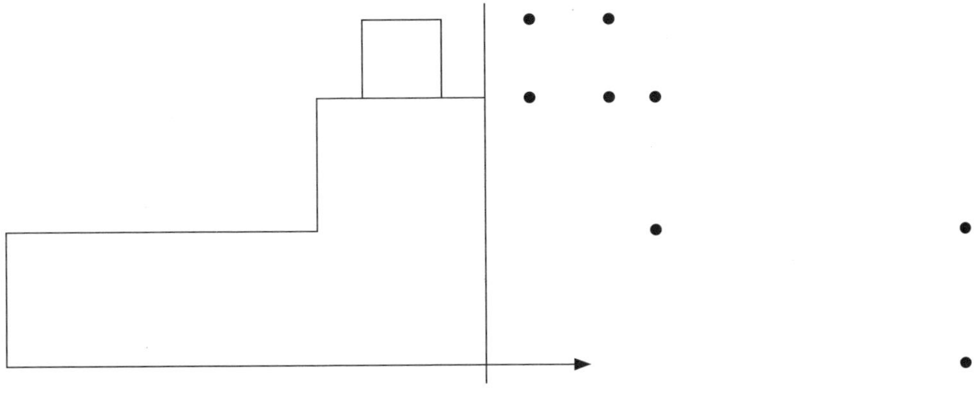

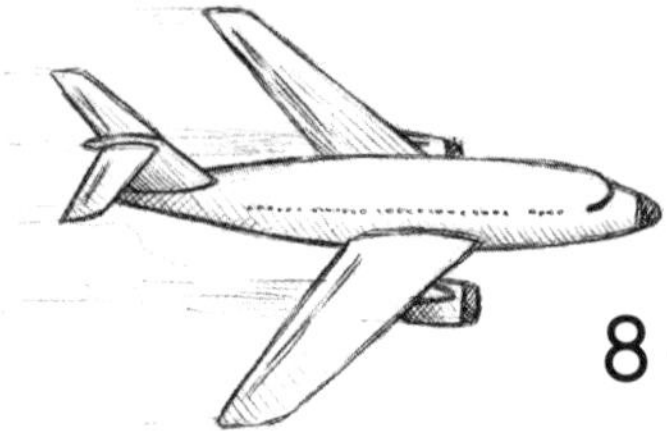

8 + 2 + 3 = 13

7 + 3 + 6 =

4 + 6 + 7 =

5 + 5 + 3 =

2 + 8 + 2 =

1 + 9 + 4 =

3 + 7 + 7 =

6 + 4 + 9 =

9 + 1 + 2 =

10 + 0 + 7 =

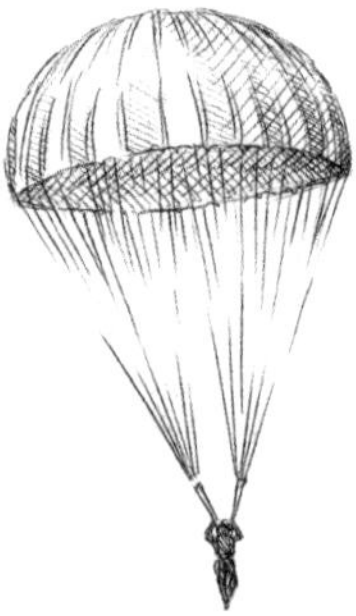

8 + 2 + 5 =

7 + 3 + 4 =

4 + 6 + 2 =

5 + 5 + 1 =

2 + 8 + 4 =

1 + 9 + 7 =

3 + 7 + 8 =

6 + 4 + 4 =

9 + 1 + 7 =

10 + 0 + 9 =

Tausche!

9 + (6) + (1) = 16

8 + (7) + (2) =

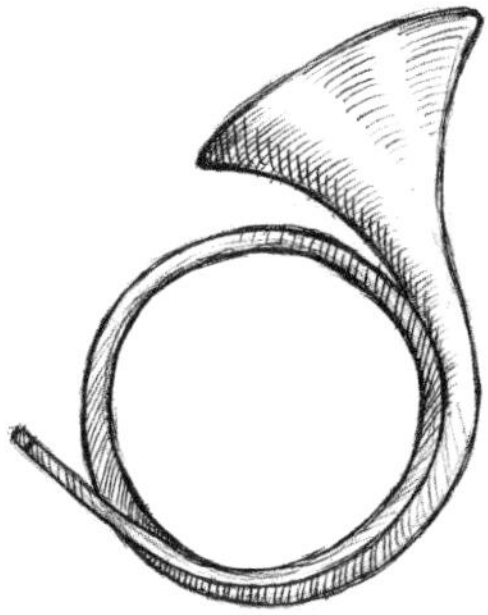

6 + (7) + (4) =

7 + (6) + (3) =

5 + (8) + (5) =

4 + (7) + (6) =

3 + (9) + (7) =

9 + 6 + 1 = 16	2 + 2 + 2 = ☐
5 + 3 + 7 = ☐	3 + 3 + 3 = ☐
6 + 2 + 4 = ☐	4 + 4 + 4 = ☐
2 + 4 + 8 = ☐	5 + 5 + 5 = ☐
7 + 9 + 1 = ☐	6 + 6 + 6 = ☐

8 + 4 + 2 = ☐	7 + ☐ = 13
7 + 2 + 8 = ☐	6 + ☐ = 11
9 + 4 + 1 = ☐	8 + ☐ = 15
8 + 3 + 2 = ☐	5 + ☐ = 12
5 + 0 + 5 = ☐	4 + ☐ = 12
9 + 1 + 7 = ☐	2 + ☐ = 11
1 + 9 + 5 = ☐	9 + ☐ = 18

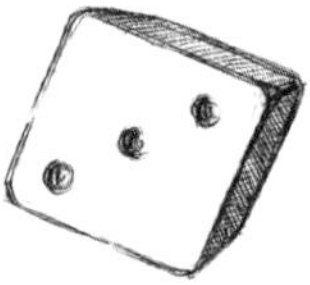

Zahl	2	3	4	5	6	7	8	9	10
Das Doppelte	4								

+2

0	2	4								

+2

1	3	5							

Sprich die Zahlenreihen dreimal schnell!

12 - 4 = 8

12 - 5 = ☐

13 - 6 = ☐

13 - 4 = ☐

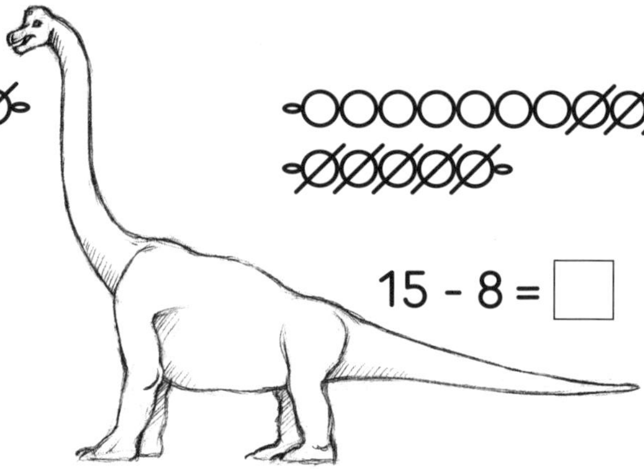

15 - 7 = ☐

15 - 8 = ☐

14 - 7 = ☐

14 - 9 = ☐

15 - 5 = 10
15 - 7 = 8

14 - 4 =
14 - 7 =

17 - 7 =
17 - 9 =

19 - 9 =
19 - 11 =

14 - 4 =
14 - 6 =

11 - 1 =
11 - 3 =

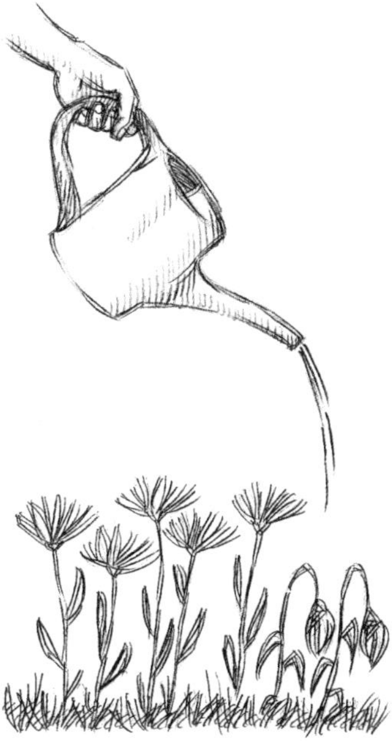

16 - 6 =
16 - 8 =

13 - 3 =
13 - 6 =

12 - 2 =
12 - 6 =

18 - 8 =
18 - 9 =

15 - 5 =
15 - 8 =

16 - 6 =
16 - 9 =

20 - 10 = 10	5 + 5 =	12 - 2 =
18 - 9 =	6 + 6 =	12 - 3 =
16 - 8 =	7 + 7 =	12 - 4 =
14 - 7 =	8 + 8 =	12 - 5 =
12 - 6 =	9 + 9 =	12 - 6 =
10 - 5 =	10 + 10 =	12 - 7 =
13 - 3 =	14 - 4 =	12 - 8 =
13 - 4 =	14 - 5 =	12 - 9 =
13 - 5 =	14 - 6 =	16 - 6 =
13 - 6 =	14 - 7 =	16 - 7 =
13 - 7 =	14 - 8 =	16 - 8 =
13 - 8 =	14 - 9 =	16 - 9 =

Schließe die Augen und zähle leise bis 100!

15 - 5 - 2	2
17 - 7 - 4	6
14 - 4 - 3	7
11 - 1 - 8	8
13 - 3 - 5	4
19 - 9 - 1	9
12 - 2 - 7	3
16 - 6 - 6	5

13 - 3 = 10

13 - □ = 9

13 - □ = 8

13 - □ = 7

13 - □ = 6

10 - □ = 5

13 - □ = 6

14 - □ = 7

12 - □ = 7

11 - □ = 5

13

7 + 6

11 + □

9 + □

□ + 5

□ + 8

6 + □

12 + □

□ + 3

4 + □

12 - □ = 10

12 - □ = 9

12 - □ = 8

12 - □ = 7

12 - □ = 6

11 - □ = 8

12 - □ = 7

14 - □ = 9

12 - □ = 8

13 - □ = 9

Finde immer vier Aufgaben!

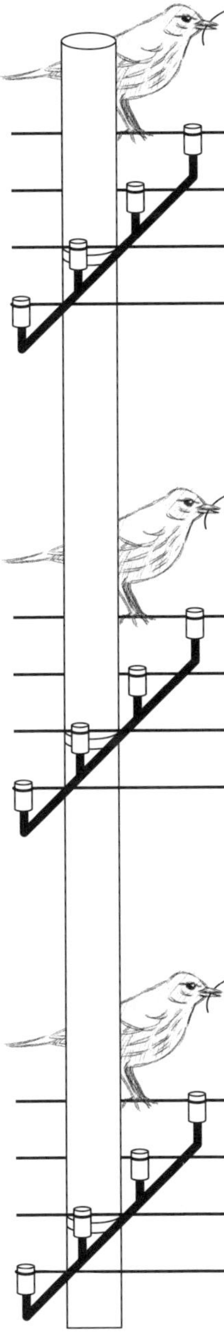

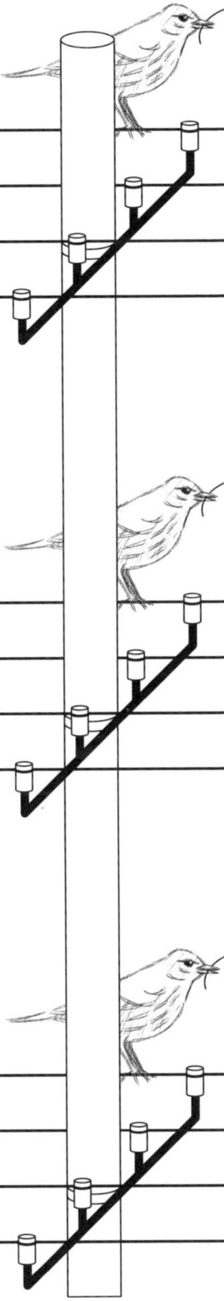

6	9	15

9 + 6 = 15
6 + 9 = 15
15 - 9 = 6
15 - 6 = 9

6	8	14

8 + 6 = 14
\+ =
14 - =
14 - =

8	5	13

\+ =
\+ =
13 - =
13 - =

7	8	15

\+ =
\+ =
\- =
\- =

8	9	17

\+ =
\+ =
\- =
\- =

10	4	14

\+ =
\+ =
\- =
\- =

Rechne und male aus!

- 7 + 5 = 12
- 16 - 7 =
- 16 - 14 =
- 11 - 10 =
- 18 - 12 =
- 19 - 6 =
- 15 - 8 =
- 16 - 13 =
- 20 - 12 =
- 6 + 8 =
- 19 - 9 =
- 19 - 8 =
- 14 - 9 =
- 12 - 8 =

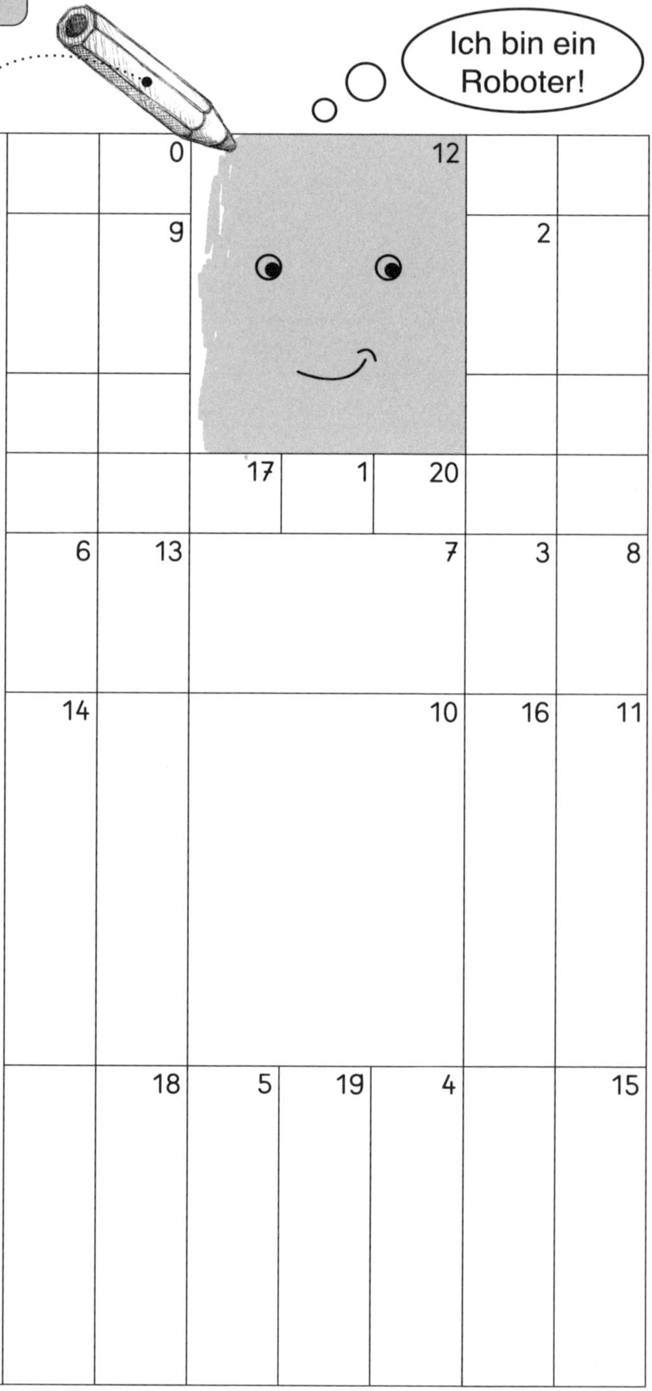

Das Hunderterfeld

1	2	3	4	5	6	7	8	9	10
11	12	13	14	15	16	17	18	19	20
21	22	23	24	25	26	27	28	29	30
31	32	33	34	35	36	37	38	39	40
41	42	43	44	45	46	47	48	49	50
51	52	53	54	55	56	57	58	59	60
61	62	63	64	65	66	67	68	69	70
71	72	73	74	75	76	77	78	79	80
81	82	83	84	85	86	87	88	89	90
91	92	93	94	95	96	97	98	99	100

Lies leise alle Zahlen!

Ergänze!

Welche Zahlen fehlen?

1		3			6	7		9	10
11	12		14	15		17	18	19	20
21	22	23		25	26	27	28		30
	32	33	34		36	37		39	40
41	42	43			46	47	48		50
51		53		55	56		58	59	60
61	62		64	65	66	67		69	70
71	72	73	74		76	77	78	79	80
81		83	84	85	86	87		89	90
	92	93		95		97	98	99	100

Schreibe alle grauen Zehnerzahlen auf!

10									100

Ich zeige, was ich kann!

Zahl	3	5	7	4	6	9	2	10
Das Doppelte								

8 + 6 = ☐

4 + 9 = ☐

5 + 7 = ☐

7 + 8 = ☐

12 - 4 = ☐

13 - 7 = ☐

14 - 9 = ☐

11 - 4 = ☐

7 + ☐ = 13

6 + ☐ = 11

8 + ☐ = 15

11 - ☐ = 7

13 - ☐ = 9

15 - ☐ = 7

Zahl	6	4	18	8	16	10	12	20
Die Hälfte								

□ blau △ grün ▯ gelb ○ rot!

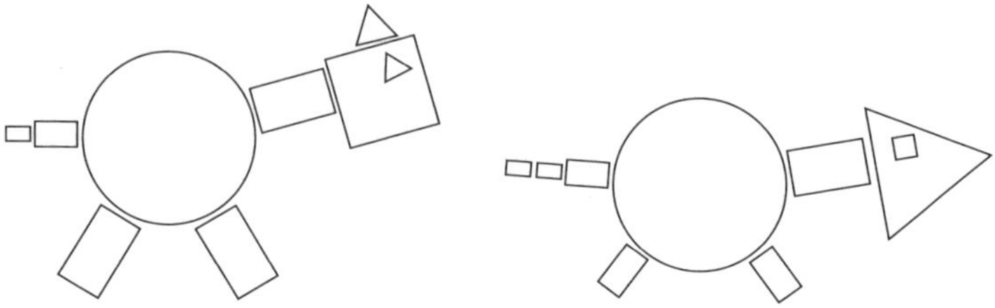

Euro

Cent

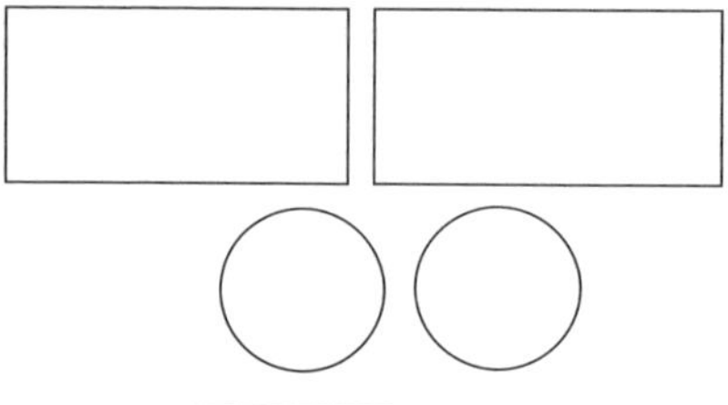

14 Euro

9 Euro

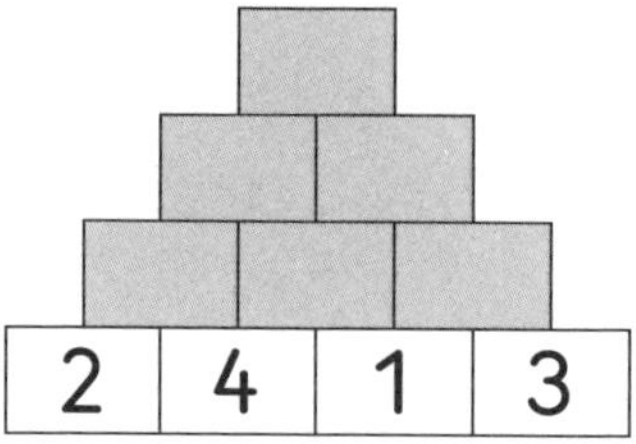

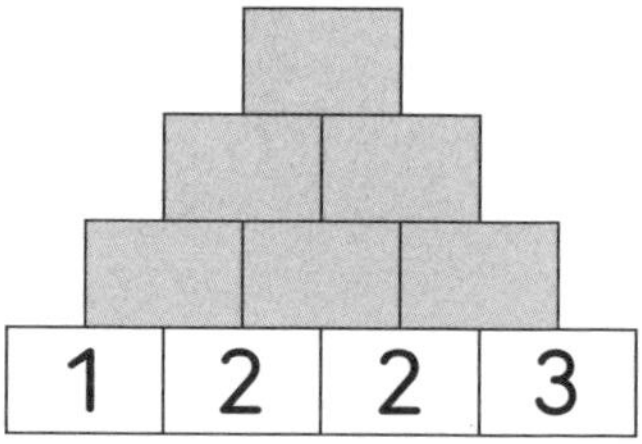